Santa Águeda

Elam de Almeida Pimentel

Santa Águeda

Invocada contra o câncer de mama

Novena e ladainha

1ª Reimpressão
Abril/2016

EDITORA
VOZES

Petrópolis

© 2009, Editora Vozes Ltda.
Rua Frei Luís, 100
25689-900 Petrópolis, RJ
www.vozes.com.br
Brasil

2ª edição, 2012.

Todos os direitos reservados. Nenhuma parte desta obra poderá ser reproduzida ou transmitida por qualquer forma e/ou quaisquer meios (eletrônico ou mecânico, incluindo fotocópia e gravação) ou arquivada em qualquer sistema ou banco de dados sem permissão escrita da editora.

Diretor editorial
Frei Antônio Moser

Editores
Aline dos Santos Carneiro
José Maria da Silva
Lídio Peretti
Marilac Loraine Oleniki

Secretário executivo
João Batista Kreuch

Editoração: Fernando Sergio Olivetti da Rocha
Diagramação: AG.SR Desenv. Gráfico
Capa: Omar Santos

ISBN 978-85-326-3931-8

Editado conforme o novo acordo ortográfico.

Este livro foi composto e impresso pela Editora Vozes Ltda.

Sumário

1 Apresentação, 7
2 Histórico sobre a vida de Santa Águeda, 9
3 Novena de Santa Águeda, 13
   1º dia, 13
   2º dia, 14
   3º dia, 16
   4º dia, 17
   5º dia, 18
   6º dia, 19
   7º dia, 21
   8º dia, 22
   9º dia, 24
4 Oração a Santa Águeda, 27
5 Ladainha de Santa Águeda, 29

APRESENTAÇÃO

Santa Águeda, Águeda ou Ágata é a santa protetora das mamas. É invocada por mulheres portadoras de câncer. Ela foi uma das virgens mártires mais veneradas no início do cristianismo. Em seu martírio, ela teve suas mamas arrancadas. É festejada em 5 de fevereiro.

Na Sicília, segundo a tradição, no dia 5 de fevereiro, se fazem pães com formato de mamas. Nos países escandinavos é costume as jovens não escovarem os cabelos nesse dia, em honra à tosquia sofrida pela santa.

O nome de Santa Águeda apareceu no cânone da missa pela primeira vez em 476, em Roma tempos depois, em Ravenna e Milão. A partir dessa época seu nome foi incluído na literatura dos santos. É uma das poucas santas citadas na liturgia da missa. Santa Águeda é a santa padroeira de Catânia, de Messina e da Ilha de Malta.

As pessoas acreditam que, para pedir a ajuda da santa na cura do câncer de mama, deve-se fazer uma novena dedicada a ela sempre no mesmo horário, acendendo, se possível, duas velas num pires branco. A novena não deve ser interrompida; caso se esqueça de fazê-la em algum dia, torna-se necessário recomeçar desde o primeiro dia.

Este pequeno livro contém o histórico sobre a vida da santa, sua novena, oração e ladainha, seguidas de uma oração para o pedido da graça especial, acompanhada de um Pai-nosso, uma Ave-Maria e um Glória-ao-Pai.

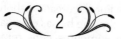

Histórico sobre a vida de Santa Águeda

Águeda nasceu na Catânia, por volta do ano 230, em família nobre e rica. Segundo os atos de seu martírio, era uma jovem muito bonita e que, muito cedo, consagrou-se a Jesus, prometendo se manter virgem e servir a Deus na pobreza e na humildade.

Um senador romano de nome Quintianus, nomeado para prefeito da região onde ela morava, pediu Águeda em casamento e, quando ela recusou, ele descobriu que ela era cristã. A recusa da jovem enfureceu Quintianus, e este mandou que colocassem a jovem num prostíbulo. Passado um mês, ao retirar a jovem desse local, ela continuava virgem, negando-se a casar com ele e reafirmando sua fé em Cristo. Num acesso de cólera, ele ordenou que Águeda fosse amarrada a uma estaca e que suas mamas fossem arrancadas. Foi chicoteada, esbofeteada, colocada em cima de brasas e presa num calabouço sem alimentos nem remédios para aliviar suas dores.

Conta a tradição que ela teve uma visão de São Pedro, acompanhado de um jovem carregando uma tocha. O jovem aplicou óleos medicinais em seus ferimentos e ela ficou curada. Ao saber do restabelecimento da jovem, Quintianus a condenou à morte na fogueira. Depois de ser tosqueada e ter suas vestes rasgadas e arrancadas, a jovem foi rolada sobre carvões em brasa entremeados de cacos de vidro.

Os carrascos de Águeda tinham o cuidado de não a deixar morrer para que o sofrimento fosse muito, e assim carregavam-na de volta à cela, enquanto ela orava para morrer. Nesse momento, um terremoto se abateu sobre a região. O povo encarou como milagre e exigiu que cessassem as torturas à jovem. Dois generais, amigos de Quintianus, faleceram num desabamento e ele, vendo este fato como um presságio e temendo levante popular, suspendeu o martírio da jovem, deixando-a trancafiada na cela, onde faleceu em 5 de fevereiro de 252.

No seu funeral, apareceu, inexplicavelmente, um jovem desconhecido com uma tocha para honrá-la e, poucos minutos depois, Quintianus foi jogado no rio pelo seu cavalo e afogou-se. Águeda passou a ser venerada como santa. Um ano depois de sua morte, o vulcão da região entrou em erupção. Os devotos de Águeda tiraram o véu do seu relicário, ataram-no a uma lança e subiram a montanha, e o fluxo de lava milagrosamente parou. Tal fato, tido como milagre atribuído a Santa Águeda, resultou na conversão de incrédulos e ateus. Seu culto passou a ser difundido e ela tornou-se uma das santas mais conhecidas da Itália e uma das mártires do cristianismo dos primeiros séculos. Na arte litúrgica, Santa Águeda é representada com uma palma e os dois seios em um prato ou, às vezes, com os dois seios em duas pinças ou coroada com palmas.

NOVENA DE SANTA ÁGUEDA

1º dia

Iniciemos com fé este primeiro dia de nossa novena, invocando a presença da Santíssima Trindade: em nome do Pai, do Filho e do Espírito Santo. Amém.

Leitura bíblica: Fl 4,6

> Não vos inquieteis por coisa alguma. Em todas as circunstâncias apresentai a Deus as vossas necessidades em oração e súplica, acompanhados de ação de graças.

Reflexão

Rezar representa sempre um alívio quando se está em desespero. A oração ajuda a nos consolar, a encontrar novos sentidos para a vida, para os problemas que estamos enfrentando.

Santa Teresa d'Ávila disse: "Quem a Deus tem, nada lhe falta. Só Deus basta!" Santa Águeda assim também pensava e, em todos os sofrimentos por ela enfrentados, pensava unicamente em orar, em ter fé em Deus.

Oração
Santa Águeda, ajudai-me a entender o que está acontecendo comigo. Ensinai-me a orar e a acreditar na minha cura. Aniquilai toda amargura, angústia, infelicidade, desejo de morte que possa me consumir. Santa Águeda, ajudai-me a reconhecer que não estou só, que Jesus está comigo. Peço-vos que... (falar a graça que deseja).

Pai-nosso
Ave-Maria
Glória-ao-Pai
Santa Águeda, intercedei por mim (ou falar o nome da pessoa por quem se está fazendo a novena).

2º dia
Iniciemos com fé este segundo dia de nossa novena, invocando a presença da San-

tíssima Trindade: em nome do Pai, do Filho
e do Espírito Santo. Amém.

Leitura do Evangelho: Jo 14,14
> Se me pedirdes alguma coisa em meu nome, eu o farei.

Reflexão
A nossa proteção está no nome do Senhor, que fez o céu e a terra. Jesus é o nosso caminho, é nossa esperança, é nosso consolo sempre. Quando a doença nos abate, Jesus é o remédio para nós.

Oração
Santa Águeda, ouvi a minha oração e meu clamor. Vós que enfrentastes situações de dor e sofrimento, livrai-me de minhas dores e aflições. Concedei-me a graça que vos suplico... (pede-se a graça que se quer alcançar).

Pai-nosso

Ave-Maria

Glória-ao-Pai

Santa Águeda, intercedei por mim (ou falar o nome da pessoa por quem se está fazendo a novena).

3º dia

Iniciemos com fé este terceiro dia de nossa novena, invocando a presença da Santíssima Trindade: em nome do Pai, do Filho e do Espírito Santo. Amém.

Leitura do Evangelho: Mc 14,38
> Vigiai e orai para não cairdes em tentação.

Reflexão

Às vezes nos perguntamos por que estamos passando por determinada provação. Em vez de nos revoltarmos com a situação, vamos seguir o caminho da oração, oferecendo nosso sofrimento a Deus e acreditando na Providência Divina.

Oração

Santa Águeda, em vós confio e peço-vos força para reagir à doença (ou ao problema) que me aflige. Peço vossa intervenção nesse momento difícil que estou passando, apresentando a Deus, Todo-poderoso, meu pedido (falar a graça solicitada).

Pai-nosso
Ave-Maria
Glória-ao-Pai
Santa Águeda, intercedei por mim (ou falar o nome da pessoa por quem se está fazendo a novena).

4º dia

Iniciemos com fé este quarto dia de nossa novena, invocando a presença da Santíssima Trindade: em nome do Pai, do Filho e do Espírito Santo. Amém.

Leitura bíblica: Sl 88,1-4

Senhor, Deus de minha salvação, de dia e de noite clamo diante de ti. Chegue à tua presença minha oração, presta ouvidos ao meu clamor! Pois minha alma está saturada de desgraças, minha vida está à beira do túmulo.

Reflexão

Este salmo refere-se à lamentação de um enfermo, vítima de uma doença grave. Com uma dor intensa, expõe suas tristezas a Deus, solicitando um milagre para a sua cura.

Oração

Santa Águeda, rogai por mim. Pedi a Deus que leve minhas angústias e dores, ajudando-me a... (falar a graça desejada).

Pai-nosso

Ave-Maria

Glória-ao-Pai

Santa Águeda, intercedei por mim (ou falar o nome da pessoa por quem se está fazendo a novena).

5º dia

Iniciemos com fé este quinto dia de nossa novena, invocando a presença da Santíssima Trindade: em nome do Pai, do Filho e do Espírito Santo. Amém.

Leitura bíblica: Sl 141,1-2

> Senhor, por ti eu clamo: vem depressa! Escuta minha voz, quando te invoco! Que minha oração seja incenso diante de ti...

Reflexão

Aprendamos com o salmista a ter fé, a confiar em Deus nos momentos de desânimo, de doença. Aprendamos a chamar por Ele ao vivenciar uma situação grave: Lembremos de Santa Águeda que, em qualquer situação enfrentada em seu martírio, continuava firme em sua fé em Deus.

Oração

Santa Águeda, protetora das mulheres com câncer, dai-me forças para aceitar fazer o tratamento adequado e reconhecer a presença de Deus junto a mim, neste momento da doença que tanto me afeta. Santa Águeda, que vossas orações se juntem às minhas para que... (fala-se a graça que deseja alcançar).

Pai-nosso

Ave-Maria

Glória-ao-Pai

Santa Águeda, intercedei por mim (ou falar o nome da pessoa por quem se está fazendo a novena).

6º dia

Iniciemos com fé este sexto dia de nossa novena, invocando a presença da Santíssima Trindade: em nome do Pai, do Filho e do Espírito Santo. Amém.

Leitura do Evangelho: Mc 11,24-25

Tudo o que pedirdes na oração, crede que o recebereis e vos será dado. Mas, quando vos puserdes em oração, perdoai, se por acaso tiverdes alguma coisa contra alguém, para que também vosso Pai que está no céu vos perdoe os pecados.

Reflexão

Pela oração nos fortificamos e encontramos luz no caminho a percorrer durante uma grave doença. Mas, neste momento, vamos fazer um esforço para deixar de lado sentimentos como raiva, frustração, ressentimentos, culpa. Vamos perdoar a nós e aos que nos ofenderam. Vamos retirar estas pedras de nossa vida e simplesmente entregar nossa vida, nossa cura na mão de Deus.

Oração

Santa Águeda, ajudai-me a amar cada vez mais a mim mesmo e a meus semelhantes. Ajudai-me a aceitar o câncer sem cair no desespero e revolta, e sim procurando fazer o tratamento necessário com a ajuda divina. Santa Águeda, por vossa poderosa intercessão, peço-vos... (pedir a graça desejada).

Pai-nosso

Ave-Maria

Glória-ao-Pai

Santa Águeda, intercedei por mim (ou falar o nome da pessoa por quem se está fazendo a novena).

7º dia

Iniciemos com fé este sétimo dia de nossa novena, invocando a presença da Santíssima Trindade: em nome do Pai, do Filho e do Espírito Santo. Amém.

Leitura do Evangelho: Mt 5,4

Felizes os que choram, porque serão consolados.

Reflexão

O choro é um consolo para nós. Perante uma situação desagradável, ao receber um diagnóstico médico preocupante, perante a morte de pessoas queridas, através de choro extravasamos nossas emoções. Ninguém melhor que Jesus para compreender nossa dor e nosso choro. Ele é a nossa força para continuar nossa caminhada terrestre.

Oração

Santa Águeda, santa do conforto e da esperança, ajudai-me a aceitar meu diagnóstico de câncer sem ressentimentos. Ajudai-me a confiar em vós e em Deus, Todo-poderoso, percebendo a presença dele perto de mim nesta fase difícil de minha vida. A vós suplico que... (falar a graça que se quer alcançar).

> Pai-nosso
> Ave-Maria
> Glória-ao-Pai
> Santa Águeda, intercedei por mim (ou falar o nome da pessoa por quem se está fazendo a novena).

8º dia

Iniciemos com fé este oitavo dia de nossa novena, invocando a presença da Santíssima Trindade: em nome do Pai, do Filho e do Espírito Santo. Amém.

Leitura bíblica: Sl 23,4
>Ainda que eu ande por um vale de espessas trevas, não temerei mal algum, porque Tu estás comigo; teu bastão e teu cajado me confortam.

Reflexão
Deus está sempre presente em nossa vida. Se estamos vivendo uma situação de doença grave, vamos entregar nosso sofrimento nas mãos de Jesus, orando e pedindo coragem para aceitar o que estiver por vir, pois Ele sempre nos conforta.

Oração
Santa Águeda, ajudai-me a ter paz, mesmo doente, e a lembrar das palavras dos evangelhos, encontrando um sentido para minha doença e continuar lutando para viver.

Pai-nosso
Ave-Maria
Glória-ao-Pai

Santa Águeda, intercedei por mim (ou falar o nome da pessoa por quem se está fazendo a novena).

9º dia

Iniciemos com fé este nono dia de nossa novena, invocando a presença da Santíssima Trindade: em nome do Pai, do Filho e do Espírito Santo. Amém.

Leitura bíblica: At 16,31
Crê no Senhor Jesus e serás salvo, tu e tua família.

Reflexão
Se aceitarmos a fala do Apóstolo Paulo e em nenhum momento deixarmos de crer no Senhor, passaremos por qualquer dificuldade com esperança, perseverança, fé. Para isso basta rezar, pois, na oração, Deus nos ajuda a crescer.

Oração
Santa Águeda, consolai as mulheres com câncer de mama. Iluminai-me para enxergar que o caminho da cura está relaciona-

do ao meu encontro comigo mesmo e com Deus. Ó Santa Águeda, em meus momentos de desespero dai-me força. Intercedei junto a Deus para que consiga a graça de... (pedir a graça).

Pai-nosso

Ave-Maria

Glória-ao-Pai

Santa Águeda, intercedei por mim (ou falar o nome da pessoa por quem se está fazendo a novena).

4

ORAÇÃO A SANTA ÁGUEDA

Gloriosa Santa Águeda, cheia de confiança em vós, eu vos imploro que intercedais por mim junto a Deus Pai.

Fortificai-me no tratamento necessário para a minha cura. Abençoai os médicos, enfermeiros e atendentes que cuidam de mim.

Santa Águeda, socorrei-me neste momento... (falar a situação de doença que está enfrentando: diagnóstico médico, tratamento...). Intercedei junto a Jesus para que Ele me cure, se possível, e faça voltar minha saúde plena e minha alegria de viver. Rogai por... (falar o próprio nome ou o nome do doente por quem se está fazendo a novena).

LADAINHA DE SANTA ÁGUEDA

Senhor, tende piedade de nós.
Jesus Cristo, tende piedade de nós.
Senhor, tende piedade de nós.

Jesus Cristo, escutai-nos.
Jesus Cristo, atendei-nos.

Pai celeste, que sois Deus, tende piedade de nós.
Deus Filho, Redentor do mundo, tende piedade de nós.
Deus Espírito Santo, tende piedade de nós.
Santíssima Trindade, que sois um só Deus, tende piedade de nós.

Santa Maria, rainha dos mártires, rogai por nós.

Santa Águeda, virgem e mártir, rogai por nós.

Santa Águeda, fiel a Jesus, rogai por nós.

Santa Águeda, protetora das mulheres com câncer de mama, rogai por nós.

Santa Águeda, protetora dos seios, rogai por nós.

Santa Águeda, ideal da pureza, rogai por nós.

Santa Águeda, invocada contra as erupções vulcânicas, rogai por nós.

Santa Águeda, humilde de coração, rogai por nós.

Santa Águeda, consolo das mulheres com diagnóstico de câncer de mama, rogai por nós.

Santa Águeda, esperança das mulheres que aguardam um diagnóstico médico, rogai por nós.

Santa Águeda, exemplo de confiança em Jesus, rogai por nós.

Santa Águeda, conforto das doentes, rogai por nós.

Cordeiro de Deus, que tirais o pecado do mundo, perdoai-nos, Senhor.

Cordeiro de Deus, que tirais o pecado do mundo, atendei-nos, Senhor.

Cordeiro de Deus, que tirais o pecado do mundo, tende piedade de nós, Senhor.

Jesus Cristo, ouvi-nos.
Jesus Cristo, atendei-nos.

Rogai por nós, Santa Águeda.
Para que sejamos dignos das promessas de Cristo.

**CULTURAL
CATEQUÉTICO PASTORAL
TEOLÓGICO ESPIRITUAL
REVISTAS
PRODUTOS SAZONAIS
VOZES NOBILIS
VOZES DE BOLSO**

CADASTRE-SE
www.vozes.com.br

EDITORA VOZES LTDA.
Rua Frei Luís, 100 – Centro – Cep 25689-900 – Petrópolis, RJ
Tel.: (24) 2233-9000 – Fax: (24) 2231-4676 – E-mail: vendas@vozes.com.br

UNIDADES NO BRASIL: Belo Horizonte, MG – Brasília, DF – Campinas, SP – Cuiabá, MT
Curitiba, PR – Florianópolis, SC – Fortaleza, CE – Goiânia, GO – Juiz de Fora, MG
Manaus, AM – Petrópolis, RJ – Porto Alegre, RS – Recife, PE – Rio de Janeiro, RJ
Salvador, BA – São Paulo, SP